AU PEUPLE

TROMPÉ

DE LA VENDÉE,

OH! MES AMIS, que venez-vous de faire? dans quel égarement affreux êtes-vous tombés? qui a pu vous entraîner dans des excès aussi honteux, aussi coupables, & vous plonger dans un abîme de maux, de gémissemens, de remords & de défespoir? Je vous connais, élevé parmi vous, je connais vos cœurs, vos habitudes, vos penchans, vos vertus, oui, bon peuple, vos vertus. Pauvres, mais laborieux, mais hommes de bien, je vous ai toujours vu refpecter le champ qui vous nourriffoit, quoiqu'il ne vous appartint pas, & chérir la main qui vous offroit des fecours & du travail. Votre indigence ne vous porta jamais à enlever les propriétés de votre

A

voisin, vous saviez la supporter patiamment. Jamais les plus violens mouvemens de colère & de vengeance ne vous ont portés à détruire ce qui appartenoit à votre ennemis ; ses meubles, ses effets, sa moisson, surtout, ont toujours été pour vous un objet sacré. Une querelle, une insulte, une injure étoient réparées, par vous, dès le lendemain. Eh ! n'eussiez-vous pas rejetté, avec la dernière horreur, l'idée qui vous fût venue d'attenter à la vie de quelqu'un, même de votre plus cruel ennemi ?

Qui a donc pu changer, tout-à-coup, cet heureux naturel, ces heureuses dispositions, & d'un peuple vertueux, sensible, honnête, en faire des monstres qui ne respirent que pour le vol, le pillage, la destruction, le carnage & la mort ?

Non, peuple infortuné, tous ces forfaits ne font pas ton ouvrage ; tu n'en est que l'aveugle instrument. Ton cœur gémit des maux qu'on ta fait faire. Tu ne peux soutenir la vue des dévastations, des crimes qu'on ta fait commettre, & ta main trempée dans le sang de ton voisin, de tes anciens amis, de tes parens, dans le sang des Français, ta main qu'on a guidée à cette barbarie, est pour toi un objet de frayeur & d'exécration.

Oh ! mes frères, oh ! mes amis, je ne veux point vous ôter vos remords, ils vous sont utiles ; mais je veux vous arracher à votre dernier malheur, au désespoir. Rentrez dans votre propre cœur, laissez parler votre conscience, & n'écoutez plus d'autre voix.

Que vous avoient fait vos voisins pour les contraindre, par vos cruautés, à abandonner leurs foyers, à se séparer de leurs femmes, de leurs enfans que vous opprimez, que vous outragez, & dont plusieurs ont été égorgez ? Que vous avoient-ils fait pour les dépouiller de leur fortune, & les réduire, pour le reste de leurs jours, à la dernière misère ? s'ils vous en eussent fait autant, de quel œil les regarderiez-vous ? quelle opinion pourriez-vous en avoir ? ce n'est ni par représaille, ni par vengeance que vous les avez traités avec tant d'inhumanité, puifqu'ils ne vous ont fait aucun tort, qu'il n'exiftoit entre vous aucune inimitié, & qu'ils étoient, au contraire, pour la plupart, vos amis & vos bienfaiteurs.

Que font devenus les leçons, les exemples de vos pères? Ce ne font pas eux qui vous ont appris à commettre les excès dont vous venez de vous fouiller. Ne faites jamais à autrui ce que vous ne voudriez pas qui vous fut fait, vous ont-ils toujours enfeignés des votre bas-âge.

Avez-vous confulté, avant de vous porter à tant d'horreur, votre religion, cette religion que vous outragez en croyant la fervir, cette religion divine qui vous prêche partout l'amour du prochain, qui vous enfeigne que nous fommes tous frères, & que le moindre mal fait à l'un de nous eft un attentat à la Divinité, à cet être bienfaifant & bon, qui eft notre père à tous?

Qui a donc pu vous porter à oublier vos devoirs, dictés par la nature & la religion?

à violer toutes les loix, & à vous dégra-
der à vos propres yeux.

Qu'ils font criminels ces hommes qui ont
abufé de votre confiance, qui ont trompé
votre crédulité, qui ont mis leurs intérêts
à la place des intérêts du ciel, & qui ont
éteint le flambeau qui vous avoit toujours
conduits dans les voies de l'honneur, de la
probité & de la religion.

Quel a été votre funefte aveuglement,
pauvres habitans des campagnes qui n'avez
pas méconnu le miniftre d'un Dieu de paix,
le miniftre de votre fainte religion dans le
prêtre qui vous prêchoit le pillage & le
meurtre ! Qu'euffiez - vous penfé de votre pafteur, il y a dix ans, s'il vous eût
exhorté à vous foulever contre les loix de
l'état, à ne pas payer l'impôt, à mécon-
noître le fouverain, à vous armer contre
lui, à vous entendre avec fes ennemis étrangers, à allumer les feux de la guerre civile,
& à porter le fer & le feu dans les propriétés de vos voifins & dans le cœur de
vos amis, de vos frères, dans le cœur des

Français? Quelle opinion euſſiez-vous eu de
ce miniſtre de votre culte? Vous l'euſſiez
regardé, ſans doute, comme un inſenſé,
ou comme un homme pervers que vous
euſſiez cru de votre devoir de livrer à la
ſévérité de la juſtice. Eh! pourquoi ces devoirs ne ſeroient-ils plus les mêmes aujourd'hui? pourquoi cet homme ne ſeroit-
il pas auſſi criminel? Il y a dix ans, un tel
langage ne vous eût pas paru être celui du
ciel.... Qui peut donc vous porter à le croire
à préſent? Ce qui étoit un mal alors ceſſe-
t-il de l'être en paſſant par la bouche de
votre paſteur actuel, de cet homme qui le
premier enfreint les loix de ſa religion,
en refuſant de ſe ſoumetre à celles de l'état,
d'un homme qui n'a peut-être jamais eu
votre confiance, que ſa mauvaiſe conduite
vous faiſoit mépriſer, que ſes mœurs ſcan-
daleuſes vous ont fait déſirer cent fois de
pouvoir vous en débarraſſer? & aujour-
d'hui, parce qu'il met le comble à tous ſes
crimes, en vous y portant par ſes leçons &
ſon exemple, vous conduiſant lui-même au

carnage, & vous faifant égorger les uns & les autres, vous le croiriez l'organe de la divinité !

Demandez-lui donc, à votre pafteur, qu'il vous arrache du cœur le remord qui vous déchire d'avoir ruiné tant de familles, d'avoir affaffiné tant de vos frères.

Demandez - lui donc qu'il vous rende votre époux, votre père, ce fils qui vous faifoit vivre & qu'il a conduit lui-même au combat où ils ont péri ou perdu leur liberté, ou ont été eftropiés & mis hors d'état de pouvoir jamais travailler.

Demandez à ce noble, à votre ancien feigneur, qui étoit votre oppreffeur, votre tyran, qui ne vous laiffoit du fruit de vos pénibles travaux que la pauvreté, le mépris & la fervitude, que puifqu'il vous a engagé dans fes intérêts, qui font oppo-fés aux vôtres, que puifqu'il a fait de vous des voleurs & des affaffins; que puifqu'il vous a attiré, par-là, la haîne & la vengeance de toute la France, qu'il ait à vous garentir de fes fureurs & de votre entière deftruction.

Ils vous ont fait entendre, ces hommes qui vous ont féduits & égarés, & vous perfuadent encore que la caufe qu'ils vous font foutenir eft celle de tout les français, que tous les départements étoient foulevés ou ne tarderoient pas à l'être, pour fe réunir à vous, égorger tous les amis de la liberté, faire un défert du territoire français, où doivent régner vos anciens prêtres, vos feigneurs & vos rois.

A-t-on befoin de vous dire qu'ils vous ont trompés, & vous trompent encore, puifque vous ne pouvez ignorer que tous les départemens viennent d'accepter la nouvelle conftitution, & ont juré d'en exterminer tous les ennemis, en commençant par vous; puifque vous favez que les départements qui vous environnent vous pourfuivent fans relâche, & reçoivent, fans ceffe, de nouveaux fecours, fous lefquels vous allez fuccomber tout-à-l'heure.

Eh! pour qui, ce n'eft pas pour vous que vous faites la guerre? Ce n'eft pas pour vos intérêts que vous verfez votre fang & celui de vos freres ? Quel profit, quel avantage vous en eft-il revenu jufqu'ici ? L'abandon de vos maifons, de toutes vos affaires, des fatigues exceffives depuis fix mois, la perte de vos beftiaux, la deftruction de vos denrées, vos terres fans culture, point de femaille, ni blé, ni pain, fans efpoir d'en avoir, fans défenfe, une famine inévitable dans l'hiver prochain.

Pour qui vous êtes-vous expofés à tant de calamités, & aux nouveaux malheurs qui vont fondre fur vous ? Pour vos prêtres, vos feigneurs & vos rois.

Mais je vous ai vus fi content, fi fatisfaits de ce que la révolution vous difpenfoit de leur payer la dixme, cette dixme qui vous étoit fi onéreufe ; cette dixme que vous n'avez jamais donnée fans murmurer & fans peine, & pour le rétabliffement de laquelle ils vous font égorger aujourd'hui !

Mais je vous ai vus avoir tant de joie, tant de contentement d'être délivrés de la puiffance, de l'oppreffion de vos feigneurs de ne plus être contraint de leur payer, fous les injures, fous le bâton, fous la faifie de vos meubles & la prifon, des droits qu'ils vous impofoient à volonté & par la force, de leurs rendre une efpèce de culte, d'adoration, en vous faifant fentir tout leur mépris après vous avoir avilis.

Mais je vous ai vus bénir la révolution de vous avoir déchargés du poids énorme de l'ancien impôt, de l'afferviffement aux corvées, aux droits de péage, d'entrée, de fel, de tabac, des friponneries des juges, qui vous ruinoient en vous faifant gagner vos procès ; des exaétions des intendans, des fubdélégués qui vivoient, s'engraif-foient de vos fueurs, & qui faifoient l'abus le plus énorme & le plus criant du fort des milices, en en difpenfant le fils du riche propriétaire, & le faifant tomber fur le laborieux cultivateur, qui ne pouvoit ni les fêter ni les payer ..... & aujourd'hui vous combattez, vous vous ruinez, vous vous faites emprifonner, tuer, pour rede-mander des rois, feuls auteurs de tous ces maux !

Victimes malheureuses de l'imposture &
de la séduction, que va-t-il vous rester des
atrocités qu'on vous a fait commettre, &
qui ont tant dû coûter à vos cœurs ? Vous
avez fait le plus crapuleux excès des sub-
sistances que vous avez pillées. Ah ! vous
eussiez bien mieux fait de les avoir ména-
gées pour les besoins qui vous pressent &
auxquels vous succomberez. Vous avez dé-
vasté les maisons des infortunés que vous
avez détruits ou mis en fuite, & vous vous
êtes appropriez leurs meubles, leurs effets;
ah ! cela ne peut durer long-temps ; craignez
le ressentiment de ceux que vous avez si in-
justement dépouillés, & que ces richesses
mal acquises, & dont on vous trouvera
munis, ne soient un titre pour vous attirer
les derniers malheurs.

Prenez garde, peuples égarés, ces hommes
dont vous avez servi les intérêts, les pas-
sions, l'orgueil & la haine, en vous livrans
à la fureur des combats, dont ils n'ont
jamais couru les risques ni les dangers, qui
ne sont réservés qu'à vous seuls, puisque

feuls vous êtes expofés à tous les feux, à
toutes les horreurs de la guerre ; prenez
garde, ces hommes dont vous avez fi aveu-
glément fuivi les infligations, & qui font
caufe de tout vos maux, vous en préparent
de nouveaux pour récompenfe de vos fer-
vices.

Plus vous montrez de courage & de
bravoure dans les combats que vous livrez
pour eux, plus vous leurs devenez redou-
tables & odieux. Ils n'ont pas oublié que
c'eft vous, peuples, qui les avez renverfés,
qu'en vous feuls réfide toute la force de la
nation : ils vont tout mettre en ufage pour
vous affoiblir ; & fi par la deftruction des
deux tiers de vous, ils venoient à rentrer
dans leurs prétendus droits ; l'autre tiers
feroit mis dans les chaînes, & elles feroient
fi pefantes, que jamais il ne pourroit en
foulever le poids.

Mais comme tous vos efforts feront inu-
tiles & vains, comme leurs perfidies vont
avoir un terme, ce terme va être terrible
pour vous. Ils vont mourir, & vous faire

périr tous, victimes de leur défefpoir. Ils
vont vous conduire au carnage, à la bou-
cherie, & à une mort inévitable. Eh ! s'il
leur étoit poiffible, c'eft bien la un de
leurs deffeins, à ces lâches, s'il leur étoit
poffible de gagner un port de mer, ils
paffèroient chez l'étranger avec les richeffes
qu'ils ont volées, & te laifferoient toi
peuple égaré, miférable, fans appuis, fans
fecours, fans amis, fans azile, en proie à
la vindicte d'une nation dont tu as tra-
vaillé à caufer tous les malheurs.

Oh ! mes amis, fauvez-vous, fauvez les
trifles refles de vos fortunes & de vos
familles, il en eft temps encore. La nation
fait que vous n'avez été qu'égarés ; elle veut
oublier les maux que vous lui avez faits,
elle vous ouvre fon fein, hâtez-vous d'y
rentrer, & n'écoutez pas les perfides qui
vous diroient que vous ne devez compter
ni fur fa générofité, ni fur fes bontés. C'eft
eux, eux feuls qui s'en font rendus in-
dignes pour toujours. C'eft eux qu'il faut
que vous livriez à la févérité des loix. Eux

feuls doivent périr, eux feuls font coupables, & les ménager, encore un feul jour,
c'eft fe rendre leurs complices, & mériter
le même fort.

Que chaque commune, que les femmes,
les enfans fe jettent en maffe fur eux, ils
font les meurtriers de leurs peres, de leurs
époux. Chargez les de fers & les condui-
fez à nos armées, à nos pouvoirs conftitués,
à nos tribunaux. N'y craignez rien pour
vous, vous n'y trouverez que des hommes
qui feront vos amis, qui fraterniferont avec
vous, qui verferont des larmes de ten-
dreffe en vous voyant, & vous prefferont
fur leur cœur. La paix, cette paix inté-
rieure, fur-tout, le plus précieux de tous
les biens, fera le prix de votre fincère
retour, un gage affuré de la défaite totale
de nos ennemis étrangers, de la chûte des
tirans, de la profpérité & du bonheur inal-
térable de la République une & indivi-
fible.

Par un Patriote de la Vendée.